# CHANGE THE WORLD

チェンジ・ザ・ワールド

Message from Takashi Inoue

井上高志
株式会社LIFULL代表取締役

はじめに

この本は、世界を変えたい同志たちへ、
僕の心のド真ん中をまっすぐに綴った、メッセージブックだ。
21世紀になっても、世の中には問題が溢れているし、解決不可能だと言われる難題も多々あるけど。

誰もが幸せになれるように。
本気で、世界を変えていこう。

そんな想いを胸に、日本中、世界中の人が、少しずつでも実際に動き始めたら……

リアルな話、本当に、世界は変わると思うんだ。

僕自身、会社の経営者をしながら忙しい毎日を送っているし、ぶっちゃけ、他人のことを考えている場合じゃないんですけど……なんていうときも、そりゃ、あるけどさ。

やっぱり、一度きりの人生だしね。

せっかく生きるなら、自分や家族や友人も含めて、なるべく多くの人が幸せに暮らせるために、自分にできることを精一杯やっていきたい。同じ志を持って、一緒に楽しみながら、頑張る仲間を増やしていきたい。

そんな気持ちで、僕は、この本を書いた。

この本は、3部構成になっている。

**第1章「SOUL＆MESSAGE」**では、僕自身のライフストーリーを交えながら、胸に溢れる想いや仲間たちに伝えたいメッセージを赤裸々に綴った。

そして、**第2章「PROJECT」**では、世界を変えるために、僕が現在進めているリアルなプロジェクトについて、いくつか紹介させてもらった。

そして、**第3章「JOIN US!」**は、これから、人生スパンで、末永く一緒に楽しんでいこう！という想いを込めて、僕らの活動しているチームへの招待状を用意した。

この本が、読んで終わりではなく、
アナタの人生を、より楽しく素晴らしくする、
新しい出逢いや行動のきっかけになることを願って。

# CONTENTS

目次

## 第1章
# SOUL & MESSAGE
「想い・大切にしていること」

chapter: 1
### YOUNG DAYS ....P18

chapter: 2
### BUISINESS DAYS ....P40

chapter: 3
### MY DREAM... WORLD PEACE ....P70

## 第2章
# PROJECT
「現在進行中のプロジェクト」

project: 1
### FEEL PEACE PROJECT ....P96

project: 2
### NEXT WISDOM FOUNDATION ....P112

project: 3
### LIVING ANYWHERE ....P128

project: 4
### PEACE DAY ....P154

## 第3章
# JOIN US!
「僕たちのチームへの招待状」

### PEACE DAY財団 ....P176

# PROFILE

プロフィール

# TAKASHI INOUE

### 井上 高志
株式会社LIFULL 代表取締役社長

- 1968年11月23日生。神奈川県横浜市出身。
  青山学院大学経済学部卒。
- 新卒入社したリクルートコスモス勤務時代に「不動産業界の仕組みを変えたい」との強い想いを抱き、1997年に独立して株式会社ネクストを設立。
- インターネットを活用した不動産・住宅情報サイト『HOME'S』を立ち上げ、総掲載物件数No.1のサイトに育て上げる。
- 2011年から海外進出を開始。世界最大級のアグリゲーションサイトを運営するスペインのTrovit Search, S.L.を子会社化。
- 会社設立20周年となる2017年、社名を「株式会社LIFULL（ライフル）」に変更。
- 2019年現在、国内・海外併せて20社以上のグループ会社を擁し、世界63ヶ国にサービス展開している。
- 「ベストモチベーションカンパニーアワード2017」（リンクアンドモチベーション）第1位を受賞。
  「働きがいのある会社(日本版)」(Great Place to Work®) 7年連続ベストカンパニーに選出。
- 座右の銘は、LIFULLの社是でもある「利他主義」。
  究極の目標は、「世界平和」。
- LIFULLの事業活動の他、個人でもベナン共和国の産業支援プロジェクトを展開し、一般財団法人Next Wisdom Foundation 代表理事、一般財団法人PEACE DAY 代表理事、一般社団法人新経済連盟 理事、公益財団法人Well-being for Planet Earth 評議員、一般財団法人Endeavor Japan ボードメンバー、一般社団法人21世紀学び研究所理事等を務める。

PRAY
―――――――――
PEACE

# HUMAN

# NATURE

# SMILE

---

# LOVE

# 1

from Takashi Inoue

# SOUL & MESSAGE

第1章

---

想い・大切にしていること

chapter 1　YOUNG DAYS

chapter 2　BUISINESS DAYS

chapter 3　MY DREAM...WORLD PEACE

chapter

1

chapter 1

# YOUNG DAYS

SOUL & MESSAGE

from Takashi Inoue

YOUNG DAYS

僕は、子どもの頃から「のび太」だった。

SOUL & MESSAGE

僕は、小学校から中学校までずっと、学年で一番チビだった。
前へならえ！のときは、いつも腰に手をあてていた。

引っ込み思案で、すごく人の目を気にするタイプだったし、
無口で押しも弱かった。

学校でもどこでも、とにかく目立つことが嫌いで、
"長"が付く役職は一度もやったことがなかったし、
小さなグループの班長すらやったことがなかった。

万が一にでも、クラスの友達に、「学級委員長は、井上くんが
いいと思います！」なんて言われようもんなら、恐ろしいので。
いつも先回りして、飼育係とか図書係とか、ほのぼのした係
に立候補していた。

## YOUNG DAYS

母親は、「あんたは、大器晩成よ」「やればできるのよ」なんて言ってくれていたので、今はすごく感謝しているけど。

現実の毎日は、まったく違っていた。
学校に行くと、「一番チビのイノちゃん」みたいな感じで、みんなに軽く扱われていたな。
夢に向かって頑張るとか、リーダーになるとか、想像できないようなキャラクターだった。

そんな引っ込み思案な僕に、自信を付けさせようということで、母親は僕を少年野球のチームに入れたんだけど、これがイヤでイヤで。
練習が嫌いで、2回に1回は「お腹が痛い」とか「頭が痛い」とか言って、ずる休みしていた。

SOUL & MESSAGE

中学生になって、バスケットボール部に入ったんだけど、
これも、全然ダメで。

背が低くて160センチないし、
特にシュートがうまいわけでもないし。
高校に入っても続けていたんだけど、ずっと補欠で。

小学校時代の少年野球と一緒で、どうもパッとしない。

それで、結局、部活を辞めてしまって、帰宅部になって。

なにもしないというのも暇なんで、じゃあ、アルバイトでもしようかと、喫茶店でウェイターをやったりしていた。

## YOUNG DAYS

その後、大学に入っても、似たような調子で。

やりたいことも夢も、なにもないし、
なにかに一生懸命に努力しているわけじゃないし。
人に自慢できる、成し遂げた！と言えるものもないし。

日々がつまらなかったわけじゃないけど、
特に楽しいわけでもなく。

人生のスイッチが、OFFなまんま。
ちゃらんぽらんと、流されるまんま生きていた。

SOUL & MESSAGE

高志っていう名前をつけてもらって、志が高いはずなんだけど。
人生の序盤は、「高志」じゃなくて、かなり、**「低志」**だったね。

## YOUNG DAYS

成人、おめでとう！なんて言われても、
なにがおめでたいんだろう？って感じで。

これから、自分の人生は、どうなっちゃうのかな？って。

なんか、不安になる夜も多かったな。

SOUL & MESSAGE

ターニングポイントは、21歳のときに訪れた。

ここで初めて、
**人生のスイッチがON!** になった。

きっかけは、ふたつあったんだ。

ひとつめは、就職活動。
21年間ちゃらんぽらんに生きてきた自分が、就職活動をしていて、他の同じ年の大学生と、リアルに比較される身になるわけだよね。
考えている内容も、それを話す能力も、すべてが負けていた。

そのとき、あらためて、
**「自分ってこんなにイケてない人だったんだ……」**
っていうことを、強烈に自覚して。

このままじゃいけないって、危機感を持ったんだ。

YOUNG DAYS

もうひとつのきっかけは、失恋。

付き合っていた彼女にフラれた。

彼女は「ニュースキャスターになりたいからニューヨークに行く」って。「ひとりで、知り合いもいない街に行って挑戦するんだ」って。すごく大きな夢を持った女性だった。

この失恋で、**僕も、夢や目標のために、一歩踏み出す勇気を持った男になりたいな**って、心から思ったんだ。

フラれたショックも大きかったけど、それ以上に、教えられたことも大きかったよ。

SOUL & MESSAGE

このふたつが、ちょうど重なったから。
過去に対する後悔と、未来に対して、
これからの目標、生き方を真剣に考えなきゃと思った。

僕の中で、スイッチがONになった。

それはもう、パチーン！と音がするような感じで。
180度人生が変わるような勢いで。

スイッチを入れるっていうのは、
シンプルに言うと、**「決める」**ということ。

「5年以内に独立して起業する」
「一大事業を成し遂げる」

このふたつを決めた。

高校時代から、漠然と憧れていた起業。
ふんわりしていた憧れを、現実の目標にしようと決めたんだ。

YOUNG DAYS

自信も、根拠も、なにもなかったけど。

**「本気で、やるぞ」って、決めたこと。**
**そこから、僕の人生は、始まったのかもしれない。**

SOUL & MESSAGE

ただ、今、思うとね。

スイッチOFFで生きていた頃の経験も、
すべて、無駄じゃなかったんだよね。

いつも、人の目を気にして、周りを観察して、その場の空気を読んでいるやつだったからこそ、「今、この人はこうして欲しいだろうな」とか「今、場の空気変わったな」とか、そういうのがきっちり見えるようになったんだ。
鍛えられている。身に付いているわけ。

だから、オラオラって自分の営業トークでお客さんにごり押しして売るっていうよりも、このお客さんどう思ってるだろう?って考える癖が付いていた。

## YOUNG DAYS

人の目を気にする性格は、実は「相手の考えていることがわかる」という強みにつながることに、ある時点で気が付いた。他者の思いがわかれば、自分がどう語りかけるべきかがわかるもんね。

もともと持って生まれた才能で、俺すげえだろって感じで押していったわけじゃなくて。

**自分でもイヤだなって思ってた短所が、知らぬ間に、ポジティブな長所に変わっていたんだ。**

SOUL & MESSAGE

なんでも、いきなり本質がわかっちゃう天才たちには、
いつも、憧れていたけど。

僕は、凡人で、普通で、のび太だから、
なにをやっても、ひとつひとつ、
なんでかな？ なんでかな？って、
時間はかかるけど、自分が納得できるまで、
頭の中で組み立てていこうとする。

例えば、野球の長嶋茂雄さんが、
「よく見ればさ、球が止まって見えるじゃん。そこでパシーン！ってやれば打てるんだよ」なんて言うけど。

普通は、まず、球が止まって見えません。
パシーン！って、意味がわかりません。

この天才・長嶋パターンだと、本人はわかるけど、
他の人には、同じようにできない。
多くの普通の人にとって、**「再現性」** がない。

YOUNG DAYS

凡人の僕としては、
例えば、このくらいの説明は欲しいよね。

「はい。上手に打つためのポイントは3つです。
まず、ピッチャーの手の出どころをよく見てみましょう。
そうすると、球種がわかります。
次に、ピッチャーの踏み込んだ足のつま先の向きを見ましょう。
そうすると、どのコースに来るかがわかります。
あとは、何球か見ながら、スピードを確認したうえで、
そのタイミングに合わせて打ってみましょう……」

これならば、練習を積んでいけば、
いつか、僕も同じようにできるかもしれないと思えてくる。
少なくとも、自分なりに具体的な努力は始められる。

これが、再現性ね。

SOUL & MESSAGE

僕の場合、自分が凡人だから、
誰にでもできる方法を見つけるのが好きなんだ。

だから、きっと、なにを見ても、
かみ砕いて、方程式にして、
誰にでもできる、再現性を求めている。

会社の経営っていうのは、
ひらめきだけじゃ、通用しないところがあってさ。
やっぱり、ひとつひとつ、きちんと説明できたほうが、
みんなに伝わる。

なるほどって納得して、方程式を覚えてくれれば、
みんな繰り返し繰り返し、できるようになるしね。

僕は、天才的な名プレーヤーにはなれないけど、
誰にでも伝えられる名コーチになりたい。
そう思ってやってきたんだ。

## YOUNG DAYS

チビで、引っ込み思案で、無口で、奥手で、
スポーツもダメで、自信のなかった人間だったからこそ、
一般の多くの人の気持ちがわかるんだ。

それが、結果として、
ビジネスを成功させるのに、役に立ったんだと思う。

人生って、わかんないもんだよね。

そりゃ、ブルーな気持ちで過ごした日々もあったけど。

**今、思えば、
無駄なブルーなんて、ひとつもなかった。**

もちろん、過去は変えられないけど。

**人生のどこかで、一度でも、
「やる!」って決めて、やり抜くこと。**

**そうすれば、すべての辛い過去も、
今の自分への道だったと、思えるようになるよ。**

のび太だからこそ、わかることがある。

のび太だからこそ、見える世界がある。

のび太だからこそ、成功できる。

## 「のび太」最強説 !?

僕は、それを提唱したいね。

chapter

---

# 2

chapter 2

# BUISINESS DAYS

---

SOUL & MESSAGE

from Takashi Inoue

人が喜んでくれる仕事をすること。
究極、それだけでしょ。

SOUL & MESSAGE

## 「5年以内に独立して起業する」
## 「一大事業を成し遂げる」

21歳のとき、このふたつを決めたのはいいけど、
実際のところ、なにから始めていいのか、よくわからなかった。

だからまずは、リクルートコスモス（現コスモスイニシア）という会社に就職させてもらって、経験を積むことにした。

入社すると同時に、過去21年間ぬるま湯に浸かってきた自分を根本から変えるために、修行モードで追い込んだんだ。行動パターンや思考パターンを、180度転換してさ。

それまでは、いつも「迷ったらやめる」ようにしていたけど、そこからは、**「迷ったら一歩前に出る」**ことに決めた。

「自分でやると決めたんでしょ！」と自分にハッパをかけて、無理やりにでも踏み出すようにしていた。

BUISINESS DAYS

新入社員時代は、本当にダメダメだったね。

営業トークといっても、平均を50点とするなら、35点しか取れないような話し方だった。
あがり症だから、営業先でたった5人を前にして話すだけでも手に汗をかいていたし。

**考えてもダメだ。こりゃ、慣れるしかない。
修行あるのみ！**

そう思って、とにかく強引にテンションをあげて、場数と訓練を重ねた。

SOUL & MESSAGE

苦しい毎日だったけど、素敵なこともあったよ。

あるとき、お客さんが求めている条件に、ぴったりのマイホームを見つけてあげることができてさ。
そのとき、若い夫婦が心から満足した笑顔で、「本当にありがとう」って言ってくれたんだ。
そのとき、思ったね。

うわぁ、なんか幸せな気分だな。

**これこそ、仕事の本質じゃないか？**

BUISINESS DAYS

そんな体験を続けていくうちに、
僕は、ひとつの確信を持つようになった。

営業を成功させるためには、
話し方のテクニックや押しの強さも、
大事かもしれないけど。

やっぱり、一番大切なことは、
**目の前のお客さんの求めていることを、深く理解すること。それを、一緒になって必死で実現させること。**

SOUL & MESSAGE

そして、4年間で貯めた、素晴らしい経験と貯金100万円を胸に、いざ、リクルートを退社。

よし、僕が不動産業界を変えよう。

インターネットと不動産。
このふたつを結び付けて、マイホームという一生で一番高い買い物をする人が、たくさんの情報から自由に選べるようにしよう。

そう思って、独立したんだ。

BUISINESS DAYS

友人知人に、独立の話をするたびに、
「えっ、オマエが独立?」って感じで、
10人中9.5人には反対されたね。

ともあれ、僕自身は前向きの塊だった。

才能や能力はなくても、努力はできるから。

まずは、
## この領域で世界一努力しているのは自分だと。
そう言い切れるレベルまでやってやろうと思っていたね。

たまに、「失敗したらどうしよう……」なんて、
不安が襲ってくる夜もあったけど。

## えっ? 失敗って、なに?
どうせ、なにもない状態からのスタートなんだし、
失ってもゼロに戻るだけでしょ。

そんな感じで、強引に自分を励ましていたな。

SOUL & MESSAGE

独立するときに、「社訓」みたいなものを創ろうとしたんだけど、最初、なにも思いつかなくて。

そんなとき、経営の神様と呼ばれ、一代で数兆円規模の企業グループを創った偉大なる大先輩、稲盛和夫氏が著書の中で、**「利他の心」**の大切さを説いているのを見つけた。

利他の心っていうのは、
自分や会社の損得勘定を抜きにして、
目の前の困った人の役に立とう。
お客様の満足を優先しよう。笑顔にしよう。

お客様はもちろん、会社の同僚、親友、家族、恋人など、自分の周りのすべての人々を笑顔にして幸せにしようという考え方でさ。

BUISINESS DAYS

正直、僕も、最初はさ。

**「利他？ リタ？ なにそれ？」**という感じだった。

そんな悟った仙人みたいな理想を語るのはいいけど、
現実問題、それで売り上げや利益につながるの？
この競争社会で、そんな甘いことを言っていて大丈夫なの？

でも、そこから、稲盛氏の経営について勉強すればするほど、
考えが変わっていった。

26歳のヒナ鳥みたいな経営者だった僕は、
偉大なる親鳥に、完全に刷り込まれていったみたい。

SOUL & MESSAGE

そして、じっくり考えた末に、思ったんだ。

**本気で誰かを喜ばせれば、
自分も幸せになれる。**

それこそ、僕がリクルート時代に、マイホームの営業をしながら、「これぞ、仕事の本質」と実感していたものだ。

小銭を稼ぐのではなく、一大事業を成し遂げようとするなら、小さくまとまらず、大きくいかなきゃ。

よし。僕も、利他の心を経営の原点に据えよう。
そして、苦しくなっても、貫いていこう、って。

BUISINESS DAYS
―――――――

ただ、あるのは志だけで、他にはなにもないし。
会社を始めるっていうのは、本当に大変だった。

当時、有限会社を作るにも300万円の資本金が必要だった。
そんなお金はないから、最初は個人事業として始めた。

Macのパソコンやモニター、スキャナー、プリンターを買ったら、すぐに70万円もなくなっちゃって……。
あとは、税金も25万円ぐらいポンと持っていかれて、5万円ぐらいしか残ってなかった。

僕自身は、インターネットはおろか、パソコンを触ることもできない人間だったので、もう、志と信念だけで始めたような感じだったね。

SOUL & MESSAGE

「世界一やさしいHTML入門」みたいな参考書を開きながら、
全部、見よう見まね、試行錯誤で、ホームページを作って。

「うちのホームページでも、物件を紹介してみませんか?」
って、一軒一軒、不動産屋さんを営業に回って。

当時は、週7日間まったく休みなしで、1日20時間ぐらいの
ペースで働いていたね。

会社に寝泊まりしながら、メロンパンをかじってさ。

**もし、これで稼げなかったら、
さらに寝る時間を削って、夜中にコンビニでバイトすりゃ食えるっしょ!** ぐらいのノリだったね。

BUISINESS DAYS
———————

規模は小さいながらも、不動産情報ポータルサイトを開設してから、半年が経った頃。

ある不動産会社から電話が入り、「井上君、契約取れたよ！インターネットから！」と興奮した声で言われた。
湘南エリアの一戸建てが売れたんだ。

必ず売れると確信していたものの、それが証明された瞬間は飛び上がるほど嬉しいものだったね。

この頃のポータルサイトが進化したのが、現在、運営している不動産・住宅情報サイト『HOME'S』だ。

SOUL & MESSAGE

独立してから1年半。

少しずつ結果もついてくるようになり、
いよいよ個人事業から法人にできる日が来た。

1997年、「株式会社ネクスト」が誕生。

21歳のときに自分に誓ったことのひとつ。

「5年以内に独立して起業する」は、これで実現できたわけだ。

BUISINESS DAYS
———————

社長になってからも、
もちろん、大変なことばっかりだったけど。

迷ったときは、いつも、原点に戻っていたね。

**目先の利益を追うのではなく。**
**本当に、人を喜ばせることを優先しよう。**
**それが、結果、自分を幸せにする。**

そして、2005年。
このHOME'Sが、掲載物件数日本一になったんだ。

SOUL & MESSAGE

掲載物件数が日本一になったことを機に、21歳のときに自分に誓った、もうひとつである、「一大事業を成し遂げる」ことに向かって、一歩を踏み出そうと思った。

やっぱり、一大事業を!と言うからには、グローバルじゃないと、話が始まらないよね。

そこで、2011年からは、海外進出をスタートさせた。

2014年には、世界最大級のアグリゲーションサイトを運営するスペインのTrovit Search, S.L.を子会社化。

現在は、国内・海外併せて20社以上の子会社を擁し、世界63ヶ国にサービス展開しているよ。

BUISINESS DAYS

そして、2017年3月、会社設立20周年を迎えた。

この20年間、良いときも悪いときも、「利他主義」を貫きながら。

常に革進することで、より多くの人々が心からの『安心』と『喜び』を得られる社会の仕組みを創る。

そんな理念を掲げて、挑戦と革進を続けてきた。

その結果、創業当時と比べて、
**売上は約6000倍、社員数も約1000倍になった。**

SOUL & MESSAGE

---

でも、本番は、これからだ。

さらに桁替えして、世界中の人々に価値を提供するグローバルカンパニー、世界中の企業の模範となるようなエクセレントカンパニーを目指しているんだ。

次のマイルストーンとしておいた2025年までには、
**グループ100社、100ヶ国での事業展開をやり遂げる。**

そのための大きな一歩として、2017年4月に社名を変更し、本社を移転した。

**新しい社名は、「LIFULL」(ライフル)。**

国内最大級の物件サイト『LIFULL HOME'S』が7期連続最高益と好調に推移するなか、次のミッションは住まいに限らず、
**「あらゆるLIFE(ライフ)をFULL(フル)にすること」**だ。

BUISINESS DAYS

振り返ってみると。
僕は、世の中の厳しさなどなにも知らずに、社会に飛び込んだ。

どこにでもいる「普通の人」で、飛び抜けて熱血人間だったわけでも、能力がずば抜けていたわけでもなかったけど。

20代前半にようやく人生のスイッチをONにしてから今まで、口だけじゃなく、本気で「人を喜ばせること」を最優先にして、頑張ってきた。

こんな僕でも、こうして成果を出してこられたのは、間違いなく、**「利他の心」を大切にしてきたおかげ**だと思う。

SOUL & MESSAGE

**大企業の社長が、建前で言ってんじゃないの?**

**世の中、そんなに甘くないでしょ?**

なんてさ。
ちょっと、偽善っぽく聞こえるかもしれないけど。

**マジで、それがリアルだ。**

BUISINESS DAYS

もともと「HOME'S」は、ユーザーにとって最も嬉しいことはなにか?と考え続けた結果、生まれたビジネス。

僕の場合、世の中にある不満、不安、不便というものを、どうしたら満足や安心に切り替えられるだろうと、常に考えているわけだ。

仕事のヒントは、人が『不』を感じるところにある。

「不満」「不安」「不便」「不透明」……

## 「不」のつくところに、ビジネスチャンスが隠れているんだ。

SOUL & MESSAGE

これから独立して、起業しようという人。
会社に限らず、NPOでも、個人事業でも、
なにかを始めようとしている人。

事業のスタートはできるだけ小さく、ささやかに。
身の丈に合わせて始めたほうがいいと思うよ。

でも、心の中では、TOPを目指す。
僕も、最初からナンバーワンを目指していたしね。

新規事業の立ち上げ時の秘訣について、かのピーター・ドラッカーも言っているよね。

## ① 小さく
## ② シンプルに
## ③ 最初から世界一を目指すべき

お金がないから無理、ではなく。
できる範囲で、小さくシンプルに、始めてみることだ。

BUISINESS DAYS

世界一を目指して。
偉大なる小さな一歩を踏み出そう。

SOUL & MESSAGE

お金と人について。

まず、お金については、シンプル。
知り合いのお金持ちでも、投資家でも、ベンチャーキャピタルでも、クラウドファンディングでも、基本は同じ。

**魅力的な資料を作って、「お金、出資してください!」とあたりまくるのみ。**

それが、起業家だから。

まずは、どんどん失敗すればいい。
失敗したら、すぐに反省会をして、問題点を修正。
資料の作り方も、プレゼンのやり方も、毎回レベルアップさせながら、うまくいくまでやり続けるのみ。

お金の話は、それだけ。

BUISINESS DAYS

あと、人だね。
いい人って、なかなか応募してこないよ。
僕も苦労したよ。人を採るの。

最初の頃、もう、1人2人でやってるときなんかは、
**こいつ、仲間にしたい！と思ったら、ロックオン！
居酒屋に飲みに連れていって、夢をぶちまけて、
ビジョン語って、どうだ、おまえ一緒にやらない
かって。**

そういうこと、やりまくってたね。

初期の頃は、魅力的な給料や条件を提示することはできな
いんだから、とにかく、夢やビジョンで集めるしかない。

SOUL & MESSAGE

## とにかく、夢、やりたいこと、志を持ったら、まず、言葉にして多くの人に宣言しよう。

それが、目標実現の第一歩だ。

特に、これといった実績がない人が、前例がないことや新しいことを始めようというときは、説明するだけでも、本当に苦労すると思うけど。

新しい価値を伝えるエバンジェリスト(伝道師)として、根気よく語っていかなくちゃ。

大変だけど、やり甲斐があるところだよね。

BUISINESS DAYS

「自分は普通の人間だから」……
「特別な才能があるわけじゃないし」……
「いつか、タイミングがあえば」……

もう、そんなこと言ってる場合じゃない。

足踏みしていても、靴の底は減っていく。

さぁ、「やるぞ!」と決めて、
**スイッチをON**にして、動き出そう。

# chapter 3

chapter 3

# MY DREAM....
# WORLD PEACE

SOUL & MESSAGE

from Takashi Inoue

SOUL & MESSAGE

僕は、世界平和を実現するために、
会社を経営している。

WORLD PEACE

今、これだけは、はっきりと言いきれる。

僕の究極の夢は、世界を平和にすること。

**誰もが幸せになれるように、
本気で、世界を変えていきたい。**

**あらゆるLIFE（暮らし・人生）をFULLにしたい。**

**残りの人生は、それにかけていきたい。**

心からそう思っている。

SOUL & MESSAGE

だって、単純な話さ。

人生の前半で得た成功と地位にふんぞり返って、後半は、ワハハハハってやってる経営者なんて、かっこ悪いじゃん。

それよりも、老若男女、言語も、性別も、宗教も、なにが変わっても、「あいつ、かっこいいよね」って想われる生き方をしたい。

アフリカの子ども達から、「高志ってかっこいい」「僕も将来こうなりたい」みたいに言われたり。
フィンランドにいる悠々自適なおじいちゃんやおばあちゃんが、「おまえ、かっこいいな」って言ってくれるような。

まだまだだけど。
残りの人生で、そういう人間に僕はなりたい。

## MY DREAM....

僕が、世界平和なんて言い出したきっかけは、すごくダサくて。
ホント、どうでもいい話なんだけど。

もう、かれこれ17年前。
創業して、数年経った頃かな。

リクルートの同期で、会社を辞めて、「俺は政治家になる」って言った男がいて。
彼と、居酒屋で生ビールを飲みながら、「おまえのビジョンはなんなんだ？　将来の目標は？」みたいな話になってさ。

「そんなの、世界平和だよ」って、彼がさらっと言ってさ。
「みんなが世界を平和にしたいって思う社会を作れば、世界は平和になるんだ。だから、俺は政治家になる」と。

「政治家になって、どうやって変えるの？」って聞いたら、ものすごい泡飛ばしながら、もう熱弁するわけ。
うわーって。

## SOUL & MESSAGE

それで、さんざん熱弁したうえでさ。
「井上はどうするんだ?」って。
少し上から目線で聞くから、ちょっとカチンときて。

## 「そりゃ、オレだって世界平和だよ!」

って思わず言っちゃった。

それが、初めてかな。
「世界平和」なんて口にしたの。

その頃の僕は、世界平和どころか、「やばい、会社つぶれるかも……」みたいな毎日で、会社を維持するために、ふーふー言ってるのに、彼は意気揚々と、「世界平和だ!」と言ってんだよ。

とにかく悔しかったんだよね。

僕も、世界平和だよ。そっから。

WORLD PEACE

———————

そんなわけで、
32歳で、「世界を平和にする！」と言い始めたわけだけど。

しばらくは、もう自分の会社の経営で精いっぱい。
飲み会で語っているだけで、特になにも始められなかった。

## 世界平和って、なんだろう？

なんて考えても、なんだかよくわからなかったし、
なにから始めていいかも、見当がつかなかった。

SOUL & MESSAGE

そこから数年が経って。

## 僕が具体的に動き始めたきっかけは、人との出逢いだった。

ベナン出身の外交官でタレントのゾマホンとの出逢いで、アフリカの小さな村の自立を応援する活動が始まったり。

日本にカフェカルチャーを根付かせてきたカフェ・カンパニーの創業者のシュウさん（楠本修二郎）との出逢いで、目指すべき平和な未来を描くために、他ジャンルの大人たちが出逢い、学び、新しいものを生み出せるような空間を始めたり。

世界を代表する連続起業家であり投資家でもある孫泰蔵さんとの出逢いで、定住の制約をすべてなくし、誰もが好きな人と好きな場所で暮らせる社会を作ろうという活動が始まったり。

世界中、様々な分野で活動する自由人・作家の高橋歩くんとの出逢いで、世界中から、世界平和をあきらめない愛すべきバカ野郎たちが集まるピース・フェスが始まったり。

気のあう人たちとの出逢いを通じて、WORLD PEACEをテーマにした様々なプロジェクトが始まっていったんだ。
（各プロジェクトの詳細は、第2章で紹介しますのでお楽しみに）

MY DREAM....
―――――――――

やっぱり、面白いよね。

世界平和って言い始めて、少しでも動き始めると、
**出逢う人が変わってくるんだ。**

すごく素敵な人たちと次々に出逢えるんだよ。
しかも、ジャンル関係ないの。

世界平和をキーワードに全然関係ないジャンルの人たちが、俺はそうしたいって言って集まると、ものすごい結束になるわけ。

SOUL & MESSAGE

さらに、人生の目標がデカくなったことで、
自分自身の思考回路も変わってきてさ。

ライバルとか、他人に負けたくないっていうのは、すごく大事なエネルギーなんだけど。
負けたくないっていうのは、結局、「自分は、他の人よりもすごいと言われたい」と、自分に向かってるエネルギーなんだよね。

世界平和を実現したいっていうことになると、
「みんな集まってよ。俺ひとりじゃ無理だからさ」
っていう感じになるよね。

## 人間って、視点の高さとか目標設定の違いによって、思考回路そのものが、まるで変わってくる。

それを実感していて、すごく楽しいよ。

WORLD PEACE
―――――――――

ただ、根本的な話だけど。

世界平和って、とても曖昧な目標だよね。

目指すべきゴールは、人それぞれだったりするし、
いろんな偉人の言葉だったり、
国連が提唱している持続可能な開発目標(SDGs)だったり、
その他にも、いろいろな角度があって。

様々なものを研究しながら、
多くのスペシャリストに逢って話を聞きながら、
自分なりに掘り下げてみた結果、
今、僕なりに、ひとつの方程式にたどりついたんだ。

SOUL & MESSAGE

**人類の幸福と世界平和
＝ 心 × 社会システム × テクノロジー**

MY DREAM....
―――――――――

漠然と平和に向かうのではなく。

「心」「社会システム」「テクノロジー」
この３つを、それぞれ高めていくことで、
世界は変わっていくんじゃないか？

この３つがかけ算になって、
世界は平和に近づいていくんじゃないか？

現在は、こんな方程式をベースに、
世界を平和にするために、
なにを、どう実行したら成果になるのか。
それを模索しながら、多くの仲間と一歩ずつ進んでいるよ。

SOUL & MESSAGE

僕自身の得意分野は、ビジネスだから、
ビジネスの視点を活かして、世界平和に貢献したい。

言ってみれば、戦争だって、ビジネス。
戦争や武器でメシ喰っている人がこれだけいるのだから、
戦争は、終わるわけがない……

確かに、現在はそうだろう。

ならば、武器で稼ぐんじゃなくて、
**平和で稼げるようにしていけばいい。**

**軍事産業から、平和産業へ。**
**時代を、変えていこう。**

武器産業ではなく、ピースウエポン。

WORLD PEACE

ケネディも言っていたけど。

**戦争をするよりも、平和を創り出す方が、
コストもかからないし、生み出す幸せの量も多い。**

人工知能（AI）など進化するテクノロジーが、
貧困や紛争を解決する可能性があると思うんだ。

もちろん、すべての人に収入が必要なのはわかる。

それならば、武器や石油で収入を得るよりも、
**平和を生み出す会社やテクノロジーに、
どんどん、人とお金を集めていこうよ。**

SOUL & MESSAGE

例えば、今、こんな新技術に注目している。

一つは、空気中の水分から飲み水を作り出す技術だ。
乾燥した地域で空気中の水分を集めて生き延びている特殊な植物や昆虫からヒントを得た技術で、日本やイスラエルの企業が開発を進めている。この技術があれば、雨がほとんど降らないエリアでも、そこに住む人々の需要を満たすことができると言われている。

もう一つが「人工光合成」。太陽光エネルギーで植物の光合成の仕組みを人工的に再現できれば、化石燃料に頼らない水素エネルギーを生み出せる。この分野の研究は日本が世界をリードしていると言われている。

人間は、化石燃料や水を奪い合って戦争をしてきたけど、どこにでもある空気や太陽光を求めて戦争はしない。
そうやって、どこにでもあるものを使って水とエネルギーを作り、それが循環する社会になれば、紛争する理由は減っていくんじゃないかな。

もちろん、これは、ほんの一例。
これに限らず、世界を平和にするためのパワーを持ったものを、どんどんプッシュして、産業に育てていきたい。

MY DREAM....
_____

**自分だけが儲かればいい。**
**そんな時代は終わった。**

**みんなが幸せになれる仕事をしよう。**
**世界を変える仕事をしよう。**

これは、理想論でもなんでもない。

そういう仕事をすれば、
**必ず、お金は、後からついてくる。**

SOUL & MESSAGE

僕も、32歳で、世界平和だと言い始めて、
具体的な活動は37歳ぐらいからじわじわと始めて、
今50歳になって、かなりドライブかけて加速し始めている。

でも、ホント、まだまだだ。
ビル・ゲイツは、世界平和のために、個人で4兆円を投資しているし、それに惚れたウォーレン・バフェットが「すごく感動した。私も3兆円出す」って続いたり……

日本人経営者は、誰もそこまでやっていない。やろうとしない。
僕もまだできていないけど、目指しているよ。
人生100年時代だから、あと50年あるしね。

一緒にやれる人は、ぜひ、一緒にやろうよ。
僕も、できる限りの応援はするよ。

WORLD PEACE

---

ビジネスも大好きだし、
遊びも大好きだし、冒険も大好き。

とにかく、人が大好きだから、人も育てていきたい。

ただ、僕は、のび太だし、
カリスマな個人になりたいんじゃない。

## 志を持ったチームを創って、
## 世界を変えていきたいんだ。

この本を読んでる時点で、
もう、出逢っちゃったんだからさ。

次の章で、現在進行形で進めているプロジェクトを紹介するので、興味があるものがあれば、ぜひ、一緒に楽しんで欲しい。

みんなで、本気で実現させていこう。

# 2

from Takashi Inoue

# PROJECT

第 2 章

---

現在進行中のプロジェクト

project 1　**FEEL PEACE PROJECT**

project 2　**NEXT WISDOM FOUNDATION**

project 3　**LIVING ANYWHERE**

project 4　**PEACE DAY**

PROJECT

---

21世紀の地球上には、問題が山積みだけど。
僕は、まったく悲観していない。

だって、それに負けないくらい、
世界中に素敵なプロジェクトが溢れているんだ。

ひとつひとつは小さなプロジェクトかもしれないけど、今後、飛躍的に伸びていくテクノロジーを活かしながら、世界中の小さなプロジェクトが繋がって、さらに新しいプロジェクトを生み出しながら、ムーブメントになっていけば……

**世界平和の実現は、
きっと、不可能ではないはずだ。**

INTRODUCTION

僕も、応援しているプロジェクトは多数あるけど、ここでは、2019年現在、僕も中心メンバーとなって進めているプロジェクトに絞って、4つほど紹介しようと思う。

各プロジェクトのWEBも掲載してあるし、イベントなども開催しているので、興味があるものがあれば、ぜひ、参加してみて欲しい。

# FEEL PEACE PROJECT

project 1

---

フィール ピース プロジェクト

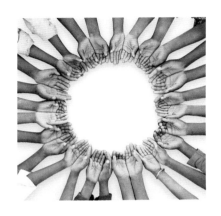

世界中の人たちが、幸せで豊かな暮らしを、
自分の力で作れるようにしたい。
寄付に頼らず、ビジネスを通じて、
途上国の自立と、
子ども達の幸せを支援するプロジェクト。

PROJECT: 1

このプロジェクトが始まったのは、2007年。

「世界平和を目指します!」と言ってるのに、最貧国エリアに行ったこともないし、活動を手伝ったこともないって、それじゃ、ちょっと机上の空論っぽいんで。

**とりあえず、触れて一緒にやって、活動しないとわからないので、実際になにかしてみたいな。**

そんなことを思っていた頃。

アフリカ・ベナン出身の外交官で、タレントとしても活躍していたゾマホンと仕事で出逢ったんだ。

それをきっかけに、ゾマホンと一緒にご飯を食べたり、いろいろ話をしたりして、少しずつ彼の人生に触れていって。
そのすごく壮絶な生き方に、心を動かされたんだ。

彼が、『ゾマホンのほん』っていうベナン共和国を紹介する本を書いたら、日本で50万部売れる大ヒットになったのね。
その印税を自分は一円も取らないで、全部はたいて、祖国に学校を作ったり、井戸を掘ったり。
ていねいに村人を説得しながら、いくつも作っていたんだ。

それ聞いて、本当にすごいな、と。
印税で何千万円もお金が入ってきたはずなのに、自分は、家賃3万8000円の風呂なし・共同トイレのアパートにずっと住んでいて、「一番のごちそうは、280円の牛丼です」なんて言うわけ。

それ聞いて。
**「わかった。俺、応援するわ」**
って、始まった活動だね。

PROJECT: 1

それで、まずは現地に行くことにした。

言葉だけでは信じきれないから、僕にも現地を見せてくれと、実際にベナンに足を運んだんだ。

最初、アフリカに行ったら……なにもない。
電気も来てない。水道もない。鉄道もない。
通信もそりゃもちろんない。

ホント、どうしようかな、って感じでさ。

お父ちゃんお母ちゃんたちは、子どもを労働力として使いたいから、学校に行かせたくないんだよね。
だから子ども達は学校に行けない。ずっと文盲のまま。

子ども達がどうやったら学校に来られるようになるか？
それで学校のすぐ横に井戸を作ることにした。
家から水を汲みに来て、そのまま授業に出る。
授業に出れば、質素ではあるけど給食も出るから、無料でご飯も食べられる。
それで汲んだ水を家に持ち帰れば、労働にもなる。
そのサイクルは、素晴らしいよね。

それで僕もお金を出して、学校を作って井戸を掘ったんd。

PROJECT: 1

次に、経済的にも自立して、寄付に頼らずに回る状態にするために、産業を作ることにした。

西アフリカでしか採れないドングリみたいな木の実からできる、**シアバター**というものがあるんだけど、それを入れたハンドクリームなど、化粧品を作り始めた。
原料をベナンから持ってきて、日本で最終製品にして、日本人に売るという仕組み。収益の一部がまた還元されるようにもして、外貨を稼げるようにした。
一般的にはシアの実を現地で購入し、加工は外国で行うけど、この活動は現地で実の調達から一次加工までを行っているんだ。

その次は、**モリンガ**っていう葉っぱ。これは栄養バランスに優れていて、栄養価が高いスーパーフード。
このモリンガをどんどん育てて、粉末にして。それを子ども達の給食に入れて、子ども達の抵抗力を上げる。
さらに余剰分は、市場や海外で売って、その収益をまた還元できるようにしているんだ。

このモリンガの仕組みが、軌道に乗り始めた頃、洪水で苗が全部流されちゃって、すべてやり直し、という展開になったんだ。
お金が足りなくなっちゃって、ゾマホンが、「井上さん、またお願いします」と連絡してきた。

お金を出すことは簡単だったけど、でもあえて厳しく、
「いつまでも甘えんなよ」と言った。

「お前も、**『貧困国を救うためには、魚をあげるのではなく、魚の釣り方を教えるべきだ』**っていつも言ってるじゃん？」「そう言っているお前が、お金がなくなったからって甘えるのはカッコ悪いから、できるところまで自分でやってみなよ」ってね。

そんなタイミングで、ゾマホンは国に戻って、選挙に立候補しているんだ。
本気で国を変えるために、国会議員になろうとしている。
将来、大統領になるかもしれないよ。

PROJECT: 1

---

使うことによって、触れることによって、寄付することによってピースを感じる「FEEL PEACE PROJECT」という活動ネームがいいと思うんだよね。

**スキンピース**っていう製品があるから、
ぜひ、それは買って欲しい。

現場に行くスタディーツアーのようなものも、今後はやってきたいと思っている。
アイデアや興味がある人いたら、声をかけて欲しいね。

# skin PEACE

Feel true gentle and deep moisture.
Baby can kiss you because of all
natural ingredients.

# FEEL PEACE PROJECT

「下痢をしても薬も買えずに命を落とす事が当たり前な状況をなんとかしたい」
「一日に2回ご飯を食べたい……」
そんな子ども達の未来のために！
資源の少ない途上国に、単なる寄付やフェアトレードに留まらず、積極的に現地の長期的収入源となる産業基盤を一緒に作り真の自立を目指す事が目的です。
途上国には自分たちでお金を稼げる「産業」が少なく、他国からの支援を受けないと通常の生活ができない国が多くあります。
ただ物的、資金的支援を行ったとしても、その支援をずっと受けないといけなく、なかなか自立ができない状態にあります。

FEEL PEACEプロジェクトは寄付などの支援ではなく、自分の手でお金を稼げるようになるための支援を、ビジネスを通じて行うプロジェクトです。
自分でお金を稼げるようになった国は、将来的には支援無くとも長く豊かな生活ができるようになります。

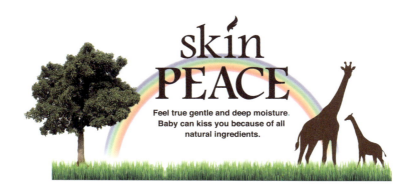

活動の第一弾として、株式会社グラフィコ（代表 長谷川純代）とNPO法人IFEと合同で、アフリカ・ベナン共和国で、シアバターを生産して化粧品原料としました。

ベナンでは、シアバターの採取は女性の貴重な仕事。単にお金を渡すだけの「魚を与える支援」ではなく、現地での産業化と収入源確保を目指す「魚の釣り方を教える支援」を進めています。

使うとハッピーになる！
肌も心も満たされるスキンケアを目指して。
"あなたの素肌も地球の一部"という考えが、「skin PEACE」のフィロソフィー。地球の恵みの自然原料だけを使い、肌への優しさとパワフルな使用感、そして、満たされたここち良さを届けます。

あなたの肌と心の平和が周りの人へ、そして、環境や地球にも繋がっていく。
そんな"PEACEな連鎖"を生み出すブランドを目指しています。

■本活動で生まれた産業の収入で、学校に学費を納めることができ、約30家族、100名が学校に通えるようになり、教科書、ノート、鉛筆、消しゴムなど、筆記用具が買えるようになりました（2014年 活動報告より）。また2019年からは現地のシアバター生産団体と協力して、シアバターの品質向上に取組んでいます。

# NEXT WISDOM FOUNDATION

project 2

ネクスト ウィズダム ファウンデーション

これからの社会をより良いものにするために。
ヒントとなるであろう古今東西の叡智を探求しよう。
社会にうまく活用できる土台を作っていこう。
多ジャンルの大人たちが出逢い、学び、生み出す空間。

PROJECT: 2

---

今、僕たちがいる世界は、テクノロジーの発展とともに、いつでもすぐに多くの情報やモノを手に入れることができ、人同士の交流もスマート化され、一昔と比べ豊かな社会になったとも言える。

その一方で、世界では紛争は絶えず、地球規模の環境問題は未だ深刻になるばかり。

そしてリーマンショック以降、僕たちは利益追求一辺倒の経済活動や大量生産・大量消費の生活に対して違和感を感じ、新たな方向性を模索しはじめているのも事実だ。

だから今、僕たちに必要なのは、幕末の志士たちのように、喧々諤々と自分たちが作り上げる社会について議論をし、行動に移す土台作りをする場、つまり、「現代の寺田屋」が必要だ、と思ったんだ。

それで、「現代の寺田屋を作ろう」と言って。
幕末に坂本龍馬とか、脱藩浪士や薩摩藩が集まっていた船宿が京都にあるんだけど。そこで暗殺されそうになったり。
そういう所に、夜な夜な集まって、これからの日本の未来はこうじゃないか、と議論する場が必要だと思って、この財団を作ったんだ。

## みんなが幸せであるために、これから、どんな社会を、どんな未来を作っていけばいいんだろう？

僕たちには全然わからないから、古今東西の叡智を集めて学んでいこう、というところから始まった。

だから明確な道筋があるわけでも、ゴールがあるわけではない。動きながら、学びながら、未来を描くための土台を作ろうとしているんだ。

PROJECT: 2

初期の頃は、どこから手をつけていいかも皆目見当もつかなかったから、いろんなその道のプロに来てもらいながら、探っていった。

文化人類学者や歴史学者や経済学者……たくさんの先生たちの話を聞きながら、なんとなくわかってきた。
人類の過去のほうからずっとさかのぼってきている。

そして、これからの未来。
AIやロボティクスが出てくると、社会ってどう変わるんだっけ？ どういう未来を作っていけばいいんだっけ？ という部分を、先進的なテクノロジーを学びながら、「こういうデザインだったらいけそうだな」ということをつかんできた。

右脳的なことも左脳的なこともあるんだけど、その両面を行ったり来たりしながら学んで、少しずつつかめてきた感じだね。

自然体でやっていて、
今はまだまだ知的好奇心がずっと刺激され続けている。

毎回来る人が面白い人たちだから。
素晴らしい叡智を、どんどん吸収しているよ。

こういう人たちの話を聞いてるだけでもなんか幸せって感じ。
社会をどうデザインするかっていう目的で、最初はもう雲をつかむようで全然わからなかったけど。

こういう理事たちが入ってきてくれたり、毎回来てくれる賢人たちがしゃべってくれるんで、かなりわかってきたよね。

PROJECT: 2

社会を見渡すと、僕たちが生きる現代社会は複雑化・多様化してきている。

これまでスタンダードとされていたモノ・コトが果たしてこれからもスタンダードであり続けるのだろうか。
きっとそうではないように思う。

長い人類の歴史、あるいは地球の歴史という時間軸で見てみると、今いわゆるスタンダードとされているものは、一過性なものに過ぎないのかもしれない。

**先入観を持たず、多面的に世界を見ること。**

**パソコンやスマートフォンでは簡単にアクセスできない、生きた叡智に触れ学びを得ること。**

それを、僕たちは非常に大切だと考えている。

**NEXT WISDOM FOUNDATION**

地球を思い、自然を尊び、歴史に学ぼう。
知的で、文化的で、持続的で、
誰もが尊敬され、
誰もが相手を慈しむ世界を生もう。
全ての人にチャンスを生み、
共に喜び、共に発展しよう。
私たちは、そんな未来を創るために、
様々な分野の叡智を編纂し
これからの人々のために、残していこうと思う。
より良い未来を創造するために、
世界中の叡智を編纂する
NEXT WISDOM FOUNDATION

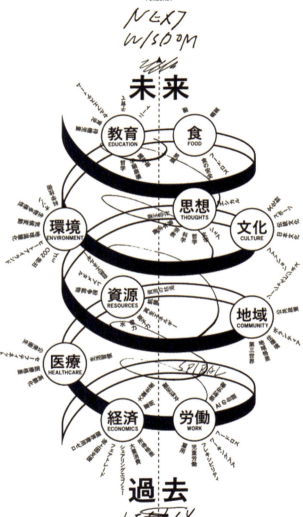

# NEXT WISDOM FOUNDATION

活動紹介

主な活動は、以下の通りです。興味がある方は、ぜひ、イベントに参加したり、WEBでの記事をご覧になってみて下さい。

## http://nextwisdom.org/

| イベント開催実績 | |
|---|---|

## 『人間らしさ』~人と社会をつなぐもの、時空の共通認識としての暦の本質~
▶ゲスト：『地球暦』考案者　杉山開知氏

## 『人間らしさ』~人類の足跡 グレートジャーニー~
▶ゲスト：探検家・人類学者・外科医　関野吉晴氏

## 『人間・チンパンジー・AI』
~AIが社会基盤となるからこそ必要であろう叡智、今残すべき叡智とは?~
▶ゲスト：京都大学高等研究院准教授　山本真也氏

## 『AIの幸福論』
~AIが社会基盤となるからこそ必要であろう叡智、今残すべき叡智とは?~
▶ゲスト：日本デジタルゲーム学会 理事　三宅陽一郎氏
慶應義塾大学大学院システムデザイン・マネジメント研究科教授　前野隆司氏

## 『AIが社会基盤となるからこそ必要であろう叡智、今残すべき叡智とは?』
~基礎編~
▶ゲスト：スマートニュース株式会社代表取締役会長 共同CEO　鈴木健氏
物理学者・複雑系研究者　池上高志氏

## 『オフグリッドの世界と、その可能性』~働く編~
▶ゲスト：クルミドコーヒー・胡桃堂喫茶店店主　影山知明氏

**and more...**

WEB記事

## 「アート・芸能・デザイン」を深掘りする記事3選

■ギャラリスト三潴末雄さんと考える アートの買いかた、感じかた
■伝統芸能から紐解く日本の歴史
■Design is not for the better life but the life itself.
　デザイン再考(1/3) 時代の空気と「デザイン」
■Design is not for the better life but the life itself.
　デザイン再考(2/3) デザインを感じる三つの要素
■Design is not for the better life but the life itself.
　デザイン再考(3/3) MON-DO(もんどう)

## 多角的な視点で"幸せ"について考える記事3選

■AIの幸福論：煩悩のないAIと煩悩にとらわれる人間（日本デジタルゲーム学会理事 三宅陽一郎×幸福学研究者 前野隆司）
■"都市の魅力を測る新しい物差し"感受性を信じろ！ 日本の住まいの未来を考えるHOME'S総研所長　島原万丈さん
■大きなシステムに対抗できるのは、小さなファンタジー。クルミドコーヒー影山知明氏に聞く資本主義の先の働き方

## いま、改めて知る「神話的思考・仏教・高野山」

■「オフグリッドの世界と、その可能性」〜ナショナリズムとの関係編〜
■AI時代に活きる、仏教の叡智
■Next Wisdom Gathering "高野山に学ぶ叡智"

| WEB記事 | |
|---|---|

### 『AIと人間の関わり』に関する3つの視点

■AI政治の夜明け？ 世界初「AI市長」候補 松田道人さん、『AIが神になる日』著者 松本徹三さんインタビュー

■マンガで考える、AIと人間の関わり方『機械仕掛けの愛』作者、業田良家さんインタビュー

■AIに、「人権」や責任はあるか？ AIと共存するために必要な法整備を考える

### "AI共生時代"の前に読んでおきたい。
### Next Wisdom Foundationが考えてきたAIに関する記事4選

■Next Wisdom Gathering "人工知能の未来"【前編】増殖するテクノロジー

■Next Wisdom Gathering "人工知能の未来"【後編】知性をつくるのではなく、生命をつくる

■"シンギュラリティ"は本当に起こるのか！？ 人工知能（AI）の現実

■AIにファッションは可能か？「ファッションおじさん」運営者と、AI時代の感性・美意識を語る

### 知識として知っておきたい。最旬エネルギー事情を知る記事4選

■30分で石油をつくる！？ ポリカルチャー藻類の可能性

■「オフグリッドの世界と、その可能性」〜エネルギー編〜

■エネルギーを通して考える 未来に残すべき地域と日本の姿

■「オフグリッドの世界と、その可能性」〜エネルギー編vol.2〜

**and more...**

# BOARD MEMBERS

代表理事
**井上高志** Takashi Inoue
株式会社LIFULL 代表取締役社長

代表理事
**楠本修二郎** Shujiro Kusumoto
カフェ・カンパニー株式会社 代表取締役社長

理事
**小西利行** Toshiyuki Konishi
POOL INC.CEO

理事
**佐藤大吾** Daigo Sato
一般財団法人ジャパンギビング 代表理事／NPO法人ドットジェイピー 理事長

理事
**前野隆司** Takashi Maeno
慶應義塾大学大学院システムデザイン・マネジメント研究科教授

評議員
**原丈人** George Hara
DEFTA PARTNERSグループ会長、内閣府参与　未来投資会議（構造改革徹底推進会合 企業関連制度改革・産業構造改革）、アライアンス・フォーラム財団代表理事

評議員
**竹村真一** Shinichi Takemura
京都造形芸術大学教授、Earth Literacy Program代表

評議員
**生駒芳子** Yoshiko Ikoma
ファッション・ジャーナリスト、一般社団法人フュートゥラディションワオ代表理事

素晴らしい未来を描くために、
まず、知ることから始めよう。
世界中、あらゆるジャンルの叡智に触れてみよう。

**INFORMATION**
http://nextwisdom.org/

# LIVING ANYWHERE

project 3

---

リビング エニウェア

---

人々を場所の制約から解放し、いつでも好きなときに、
好きな場所に暮らし、学び、
働ける社会の仕組みを構築しよう。
どこにいても生活のクオリティを落とすことなく、
自分らしく、自由に生きていく。
そんな「生き方」を選ぶ人を応援する活動です。

## PROJECT: 3

現在は、多くの人が、メシを喰うためだけの仕事、「ライスワーク」をしなきゃいけないと見えないプレッシャーを感じている。

本当は、頭の中や心の奥底に、やりたいことや妄想はいっぱいあるはずなのに、「でも、人生って、仕事って、こんなもんでしょ」と、自分の中で折り合いをつけて諦めてしまっている。それを変えたい。そんなことないじゃんって言いたい。

本当に自分のやりたいことをやって、自分の好きなように生きられる世の中にできたらいいと思っているよ。
それが、本当の幸せだなと思うしね。

足りていないものは、最大限足りるようにして。
自分のやりたいことができる世界に進めるようにすることが、僕のやりたい世界平和に繋がっている。
そういう社会になったら、もう争うなんて無駄だよね、ばかばかしいよねってなるはずだから。

家族が幸せで、仲間が幸せで。
それ以上、なにが要るの?

そんな状態に、できればいい。

そこで、考えたんだ。

日本中に溢れている、素敵な空き物件をうまく活用したり、生活に必須なライフラインを、自己完結できる最新のテクノロジーを活かしたりしながら、**「生活するためのコスト」を劇的に下げることができないかな?** と。

電気、ガス、水道、通信、教育、医療といった生活費を、今の10分の1に下げられれば、もう、ライスワークはしなくてよくなる。

そうすれば、生活費を稼ぐためにイヤイヤ働くのではなく、**好きな場所で、好きな人と、好きなことをやるようになる。そんな世界を作れるんじゃないかな?**

そんな想いで始まったのが、この実験プロジェクト。

「Living Anywhere」

PROJECT: 3

テクノロジーの進歩によって、僕たちは確実にLiving Anywhereの方向に向かっている。

遠からず、世界中のどこでも、非常に質の高い暮らしを送ることができるようになるはずだ。

30年、40年後の世界を生きる日本人は、今の時代を生きる僕たちについて、「通勤電車とかいうすし詰めの電車に乗って毎日、会社に通っていたらしいよ」「それってメチャクチャ大変だっただろうね」と語り合うことだろう。

今の僕たちが江戸時代の人たちを振り返って「駕籠(かご)に乗ってエッサエッサ移動していたらしいよ」「駕籠かきは大変だったね」と思うのと同じように。

これから10年、20年の間に起きる変化はとてつもなく大きなものになるはずだ。

自分らしくを、もっと自由に。
# Living
# Anywhere

かつて、重力から解放され、
宇宙へと飛び出していったガガーリンのように。
あらゆる制限から解放され、
自由へと飛び出していく人が、
これから劇的に増えるだろう。

何故なら、
どこにいてもライフライン全てが
手に入る未来が、
すぐそこまでやって来ているから。
水。電気。住宅。食料。通信。医療。教育。仕事。
人にとって必要不可欠なものが、
砂漠でも、密林でも、極端な話月でだって、
自分のものになる。
ライフラインの限界から解放されて、
生き方に無限の選択肢を与えることができる。

イメージしてほしい。
いつ、どの国の、どんな場所に行っても、
ストレスなく同じ仕事ができて、
不安なく医療を受けられて、
妥協なく子どもに教育を与えられる暮らしを。

水が、電気が、ガスが、食料が、電波が、
場所に縛られることなく手に入る暮らしを。
そんな未来が現実になったとき、
私たちはきっと、
想像を超えた世界を生き始めているだろう。

少し前までは夢物語だった
"LivingAnywhere"を本気でスタンダードにすべく、
今、個人が、企業が、行政が、
一つになって動いています。
世界のパラダイムシフトを確信させるスケールで、
スピードで、賛同のうねりが一人歩きし始めています。

地方創生。都市のスラム化対策。
途上国支援。災害対策。
LivingAnywhereが進んだ先には、
様々な社会問題が必然的に解決
されていく未来も見えます。

傍観者になるか。
ガガーリンになるか。
みんなで変わろう。

自分らしさを、もっと自由に楽しむために。

# Living Anywhere

## 自分らしくを、もっと自由に。

好きな場所で働き、暮らす事ができるのではないか？
日中はオンラインで仕事をし、それ以外の時間は、色々な企画を体験する。

ダイバーシティ（多様性）によるセレンディピティの機会を創出する。

共に働き、暮らし、学ぶ事でスキル・家族関係が拡張する。

Living Anywhereな人を増やすために。
Living Anywhereな暮らしを、実際に体験するイベントを開催しています。

---

※セレンディピティ（英語: serendipity）とは、素敵な偶然に出会ったり、予想外のものを発見すること。また、なにかを探しているときに、探しているものとは別の価値があるものを偶然見つけること。平たく言うと、ふとした偶然をきっかけに、幸運をつかみ取ることである。

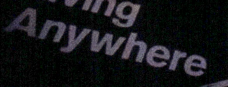

# EVENT REPORT

REPORT: 1

## Living Anywhere Week in 南富良野

- ■日程：2016.08.10 〜 2016.08.21
- ■拠点：南富良野町　旧北落合小学校／北海道空知郡南富良野町北落合159
- ■宿泊：旧北落合小学校
- ■参加費用：無料（プログラム外のイベント参加費用は各自負担）
- ■参加者人数：約100名（期間中のべ）
- ■主催：一般社団法人Living Anywhere

REPORT: 2

## Living Anywhere Week in 会津磐梯 Vol.1

- ■日程：2018.07.16 〜 2018.07.22
- ■拠点：磐梯七ツ森グリーンビレッジ／福島県耶麻郡磐梯町大字磐梯字七ツ森7066番地5
- ■宿泊：磐梯七ツ森グリーンビレッジ
- ■参加費用：個人3,000円（1泊2日）〜（プログラム外のイベント参加費用は別途各自負担）
- ■参加者人数：約150名（期間中のべ）
- ■主催：一般社団法人Living Anywhere

REPORT: 3

## Living Anywhere Days in 鎌倉 vol.1

- ■日程:2018.12.17 〜 2018.12.19
- ■拠点:WeBase鎌倉／神奈川県鎌倉市由比ガ浜4丁目10-7
- ■宿泊:各自手配
- ■参加費用:無料(イベント参加費用・宿泊費用は各自負担)
- ■参加者人数:約50名(期間中のべ)
- ■主催:鎌倉テレワーク・ライフスタイル研究会／ 一般社団法人Living Anywhere

REPORT: 4

## Living Anywhere Week in 会津磐梯 Vol.2 冬の磐梯山編

- ■日程:2019.01.28 〜 2019.02.03
- ■拠点:福島県磐梯町 七ツ森グリーンビレッジ／福島県耶麻郡磐梯町大字磐梯字七ツ森7066番地5
- ■宿泊:磐梯七ツ森グリーンビレッジ
- ■参加費用:個人5,000円(1泊2日)〜、学生3,000円(1泊2日)〜、法人69,800円(全日程・宿泊付)、法人49,800円(1/29〜31の2泊3日・宿泊付)、(プログラム外のイベント参加費用は別途各自負担)
- ■参加者人数:約220名(期間中のべ)
- ■主催:一般社団法人Living Anywhere

REPORT: 5

## Living Anywhere Week in 館山 Vol.1

■日程：2019.05.08 〜 2019.05.17
■拠点：ナミカゼ館山／千葉県館山市北条2861
■宿泊：【ナミカゼ館山宿泊】個人7,000円（1泊2日）〜、学生5,000円（1泊2日）〜、高校生以下無料
■参加費用：【日帰り・他宿泊施設泊（個人手配）】個人1,000円（1日）、学生500円（1日）、高校生以下無料　※期間中どの日程でのご参加でもOKです。全日程でも短期間でも飛び飛びの日程でも、日帰りでも可。
■主催：一般社団法人Living Anywhere

REPORT: 6

## Living Anywhere Week in うるま

■日程：2019.06.27 〜 2019.07.07
■拠点：浜中学校／沖縄県うるま市勝連浜19番地
■宿泊：不明
■参加費用：【個人】日帰り1日1,000円、1泊／日帰り2日2,000円、2泊／日帰り3日3,000円、3泊／日帰り4日4,000円、4泊／日帰り5日5,000円、5泊／日帰り6日6,000円、6泊／日帰り7日7,000円、7泊／日帰り8日8,000円、8泊／日帰り9日9,000円、9泊／日帰り10日1,0000円、10泊／日帰り11日11,000円
■主催：一般社団法人Living Anywhere

LivingAnywhere

# BOARD MEMBERS

代表理事
## 孫泰蔵 Taizo Son
Mistletoe株式会社 代表取締役社長兼CEO

理事
## 井上高志 Takashi Inoue
株式会社LIFULL 代表取締役社長

理事
## 山寺純 Jun Yamadera
株式会社Eyes, JAPAN代表取締役

# LivingAnywhere

ライスワークではなく、ライフワークを。

**INFORMATION**
https://livinganywhere.org/
https://www.facebook.com/LivingAnywhere/

# PEACE DAY

project 4

ピース デイ

セカイヘイワをあきらめない、愛すべきバカ野郎たちが大集結。
あらゆる刺激と体験、そして学びがあふれる野外フェス。

開放感いっぱいの音楽ライブをはじめ、
多種多様なトークライブやパフォーマンスが楽しめたり、
楽しくお酒を飲んだり、味わったことのないものを食べたり、
世界各地からの未知なるアートに胸を躍らせたり、
世界中の踊りに巻き込まれたり、
新たな仲間と出逢ったり、芝生の上でゆっくり寝っ転がったり…

一歩を踏み出すことで始まる、新しい物語への期待を胸に。

人生、そして、旅を、おもいっきり楽しみながら、
その先に広がる世界や平和を見つめ、考える、特別な1日です。

PROJECT: 4

国連は9月21日をピースデー（国際平和デー）に定めている。有史以来、人類が戦いをやめた日は一日としてないけれど、少なくともこの日くらいは武器を置いて、争いのない、安息の日にしようと。

そのピースデーのある9月に、日本で大きな野外フェスティバルを開いている。

**世界平和を本気で願う、年に1回のお祭りだ。**

賛同するアーティストを招き、ピースドリンク、ピースフード、ピースサービス、ピースプロダクトを並べる。

このフェスティバルに『私も参加したい』という個人や会社がどんどん出てきて、平和に貢献できる技術や製品を集めてムーブメントにしたい。

武器産業ではなくピースウエポン。
世界を平和にするためのパワーを持ったものを産業に育てていく。
そんな、きっかけにしたい。

PEACE DAY

## 30年以内に世界から貧困をなくし、50年以内に世界から紛争をなくす。

ズバリ、それが目標。

# 僕たちの一歩が、世界を変えていく。

今、21世紀の地球には、もちろん問題が山積みですが、
希望の光も、ガンガンに射しています。
76億人、みんなが幸せに暮らせるように、
世界中で、ワクワクしちゃうような、楽しい、面白い、かっこいい活動が、いっぱい始まっています。

音楽でも、ダンスでも、ファッションでも、アートでも、料理でも、ゲームでも、テクノロジーでも、政治でも、経済でも……
あらゆる分野で、世界各地に、楽しくてピースな活動が溢れています。

しかも、今は、原始時代ではなく、ネットで世界中が繋がっている時代。世界各地で始まっている、小さくて素敵なアクションが、どんどん繋がって。これから始まる、新しいアクションも、カラフルに加わりながら。このピースなムーブメントが、風のように世界全体に広がっていけば……

近い未来に、世界平和はきっと実現できるはずです。

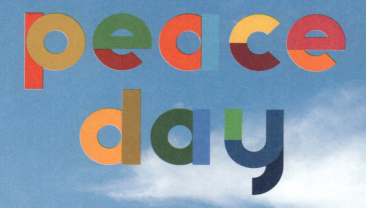

自分にできることって、なんだろう？
なにから始めたら、楽しそうかな？

素人が集まっても、なんの意味もない？
世界の問題を解決する方法なんて、思いつくはずがない？
そんなことはありません。
歴史を見れば、わかるように、時代を変えるような新しいアイデア
は、いつも、素人の発想から生まれています。

自分の得意なこと、好きなことを生かして、世界を平和に。
軽やかに、最初の一歩を踏み出そう。

今回の人生。
僕たちは、この時代、この国に生まれたから。

日本人としての誇りを胸に。
和の国の持つ、ピースフルなビートを、世界中に響かせたい。
日本人かっこいいじゃん！って、世界に言わせよう。

僕たちの一歩が、世界を変えていく。
僕たちの時代、僕たちの国から、新しい歴史を始めよう。

# peace day

## PEACE DAY 2018

初開催となった2018年は、旅をテーマにした野外フェス『旅祭』の2日目として開催しました。

SUGIZOさん&谷崎テトラさんのユニットS.T.K、細美武士さん&TOSHI-LOWさんのユニットthe LOW-ATUS、MONKEY MAJIKさん、ペトロールズさん、GAKU-MCさん、一青窈さんといった多くのミュージシャンたちの素敵なライブ！

パタゴニア日本支社長の辻井隆行さん、女優のサヘル・ローズさん、ユナイテッドピープル代表の関根健次さん、ジャーナリストの堀潤さん、作家の四角大輔さん、ユーグレナ代表の出雲充さん、ジャーナリストの志葉玲さんといった様々な仲間たちのトークライブ！

そして、国連ピースデー 9月21日を制度化し、世界に広める役割を担っているNPOピース・ワン・デー（Peace One Day）の創設者、ジェレミー・ギリーさんが初来日して、熱いメッセージを届けてくれました。

# 3

from Takashi Inoue

# JOIN US!

第 3 章

僕たちのチームへの招待状

PEACE DAY財団

JOIN US!

世界中から、WORLD PEACEを願う人々が集まり、出逢い、語りあい、新しいことを生みだす"場"を創ろう。

あらゆるジャンル、あらゆる年代の人々が集まって、磨きあっていける環境を創ろう。

そんな想いで、心ある友人たちと一緒に、
「PEACE DAY財団」というチームを設立したんだ。

日々、オンラインでの交流、オフラインでのPARTYやイベントで、人間関係を深めたり、作戦会議をしながら、年に一度、メンバーが全世界から大集結するお祭り&野外フェス「PEACE DAY FES」を開催している。

## PEACE DAY財団

この財団のイメージとしては、
インターネットも使った「現代版の茶室」かな。

昔の茶室って、肩書もなくて、刀を置いて入っていくと、身分関係なく、生き方の根っこの話をする場でもあった。

現代では、アーティストも来るし、政治家も来るし、企業人も来るし、お坊さんも来るし。
ジャンルで分かれていた人たちが、世界平和っていう根っこで共感して繋がっていけば、確実に、素晴らしい化学反応が起こると思うんだよね。

さらに、それを日本人だけでやるのではなく、日本から始めて、海外の楽しい人々もどんどん混じり合いながら、世界中と繋がっていこうと思ってる。

JOIN US!

世の中が変わっていくときって、
巨大なピラミッド的な集団よりも、
強烈な志を持った人が集まった集団のほうが強い。

すでに、自分なりの活動を始めている人も、
これから動き始めていきたいという人も、
このチームへの参加に、垣根はない。

いろんな人が集まれば集まるほど、
オモシロイし、パワフルになるしね。

PEACE DAY財団

そして、PEACE DAY 財団という場は、出逢いの宝庫だ。

年に一度のお祭りを中心に、日々のWEBでの交流やPARTYなどを通して、活動のパートナーを見つけたり、自分の仕事や活動をPRしたり、資金を調達したり……

いい意味で、この場を自由に使って、自分自身の活動を加速させていって欲しいと思っている。

JOIN US!
_____

同じ時代を生きる仲間として。

セカイヘイワをあきらめない、
愛すべきバカ野郎のひとりとして。

PEACE DAY財団のメンバーになって、
一緒に、世界を変えていこう。

# PEACE DAY財団

PEACE DAY Foundation

---

ピースデイ財団

誰もが幸せになれるように。
本気で、世界を変えよう。

## PEACE DAY財団

PEACE DAY財団は、野外フェスという場を通して、
世界平和の実現を目指していく
仕組みを創ることを目的に設立しました。

財団名：一般財団法人 PEACE DAY
代表理事：井上高志(株式会社LIFULL 代表取締役社長)
設立：2019年6月

# VISION

### 目指すべきゴール

**争いのない平和な世界を実現する。**

# MISSION

### 担う役割

**平和を信じる一人ひとりの想いと行動をつなぎ、パートナシップで実現する仕組みを創る。**

# peace day

財団名：一般財団法人 PEACE DAY
代表理事：井上高志(株式会社LIFULL 代表取締役社長)
設立：2019年6月

---

■ 代表理事
### 井上高志
Takashi Inoue
株式会社LIFULL 代表取締役社長

■ 理事
### 伊勢谷友介
Yusuke Iseya
俳優・映画監督・リバースプロジェクト 代表

■ 理事
### 清水直哉
Naoya Shimizu
株式会社TABIPPO 代表取締役

■ 理事
### 菅原聡
Satoshi Sugawara
Minit Asia Pacific Co.,Ltd. CSO

■ 理事
### 関根健次
Kenji Sekine
ユナイテッドピープル株式会社 代表取締役

■ 理事
### 高橋歩
Ayumu Takahashi
作家・自由人

■ 理事
### 滝本洋平
Yohei Takimoto
編集者・株式会社A-Works 取締役

■理事
**谷崎テトラ**
Tetra Tanizaki
構成作家・京都造形芸術大学教授

■理事
**山崎大地**
Taichi Yamazaki
株式会社ASTRAX代表取締役・民間宇宙飛行士

■理事
**四角大輔**
Daisuke Yosumi
森の生活者・執筆家

■評議員
**池田良介**
Ryosuke Ikeda
株式会社ウィルグループ 代表取締役会長兼CEO

■評議員
**加治慶光**
Yoshimitsu Kaji
鎌倉市参与

■評議員
**藤井宏一郎**
Koichiro Fujii
マカイラ株式会社代表取締役・多摩大学ルール形成戦略研究所客員教授

# peaceday
# SPECIAL MEMBERS

○ actcoin

○ 株式会社ウィザス（代表取締役 生駒富男）

○ 上村一行（株式会社アイアンドシー・クルーズ 代表取締役）

○ 江見いづみ（株式会社アフリカタロウ 代表取締役）

○ 株式会社ガイアックス

○ 北川拓也 ( 公益財団法人 Well-being for Planet Earth 理事 )

○ 小池由久

○ 国連世界宇宙週間 JAPAN

○ 小西利行（株式会社 POOL 代表取締役クリエイティブ・ディレクター）

○ 株式会社コミクス

○ 佐々木真彦（メットライフ生命）

○ 清水謙（株式会社ＷＤＩ 代表取締役）

○ 孫泰蔵（Mistletoe 株式会社 ファウンダー）

○ 高橋理人（株式会社 LIFULL 社外取締役）

○ 谷家衛

○ 辻早紀（一般社団法人 辻音楽事務所代表）

○ 株式会社Ｔ・Ｋホールディングス

# 特別会員

- テクマトリックス株式会社
- 株式会社デスティニー
- 株式会社デベロップ
- 長友佑樹（株式会社マーサリー 代表取締役）
- 花井健
- 松村宗亮（茶道教室 SHUHALLY 代表）
- 松本大（マネックスグループ株式会社 代表執行役社長 CEO）
- 三木谷浩史（楽天株式会社 代表取締役会長兼社長）
- 森川亮
- 文字放想（アップル引越センター）
- 矢澤祐史（Giveness International 創業者）
- 柳澤大輔（面白法人カヤック 代表取締役 CEO）
- 矢野和男
- 山田善久（楽天モバイル株式会社 代表取締役社長）
- 由利孝（テクマトリックス株式会社 代表取締役社長）
- 吉田宗興（株式会社ブルームウィル 代表取締役社長）
- 株式会社リンクアンドモチベーション

（五十音順・敬称略）

# JOIN US!

## 特別会員 募集要項

PEACE DAY財団が主催する野外フェス「PEACE DAY」を広めていくために、特別会員となってくださる個人/法人様を募集しています。

世界を平和にしていく『当事者』として、PEACE DAYに参加していただける方に集まって頂きたいです。

僕らPEACE DAY財団は、野外フェスという場を通して立場の異なる組織や個人が壁を超えて協働し、平和の実現を目指していく仕組みを創ることを目的に設立しました。

経営者やアーティスト、ビジネスマンなどの個人。
法人企業、NPOやNGO、有志団体、行政などの組織。
立場を超えた繋がりと協働を生み出すために作った仕組みです。
様々な分野の方々に、会員になって頂けたら嬉しいです。

ぜひ、世界の未来を作るためにPEACE DAYムーブメントを一緒に作っていきましょう！

PEACE DAY財団　一同

# SPECIAL MEMBERS

### 特別会員 概要

特別会員は1口10万円（年間）となりまして、そのうち5,000円を財団が責任をもって選定した社会貢献活動に寄与する団体へ寄付をさせていただきます。

また、特別会員になって頂いた方には複数枚のPEACE DAY参加チケットをご提供させて頂きます。
PEACE DAYの目的は、次世代から世界の明るい未来を育てていくムーブメントを創り上げることです。

ぜひ、次世代を担う20-30代の若者をPEACE DAYにお誘い頂ければと思っています。

peace day
金額
年間 100,000円 / 1口ー
対象：法人 / 個人

# MEMBER BENEFITS

## 特別会員の特典

---

5,000円/口を社会貢献活動に寄与する団体に寄付いたします。

---

### フェス「PEACE DAY」参加チケットプレゼント

本書(154P)でも紹介した、1年に1度の野外フェス「PEACE DAY」。毎年、国連の定めたピースデー(国際平和デー)のある9月に開催予定です。メンバーは無料で入場できるのはもちろん、複数枚のチケットをプレゼントするので、次世代を担う若者や仲間をお誘い合わせの上、ぜひ遊びに来てください。ピースムーブメントを一緒に起こしましょう。　※画像はサンプルです。

---

### PEACE DAY WEBサイト / フェス会場｜お名前掲載

フェス「PEACE DAY」のオフィシャルサイト及び、当日の会場内のバナーにお名前を掲載いたします。

---

### PEACE DAY オリジナルブック｜お名前掲載＆プレゼント

フェス「PEACE DAY」当日に、ご来場者の皆様にプレゼントするオリジナルブックに、お名前を掲載いたします。　※画像はサンプルです。

## 特別会員限定/WEBコミュニティへの参加（1名様/口 ご本人のみ）

財団会員限定のWEBコミュニティを運営します。平和を信じる一人ひとりの想いと行動をつなぎ、パートナシップで実現する仕組みのひとつとして、まずはこのコミュニティをきっかけに一緒にムーブメントを起こしていきましょう。同じ志を持ったメンバーだけのグループです。気軽に連絡を取って、どんどん繋がっていくと、より楽しめると思います。

**特別会員限定 WEB コミュニティ**

## 交流パーティへの参加（年1回の開催予定／1名様/口 ご本人のみ）

上記のオンラインの交流はもちろん、年に1回は、リアルな場でのパーティを開催します。PEACE DAY財団での繋がりから、新たな仕事や活動を生みだしながら、争いのない平和な世界を、そして、誰もが幸せになれる世界を、本気で実現させましょう。

**交流 PARTY へのご参加**

## オリジナルピンバッジ / ステッカーのプレゼント

PEACE DAY財団オリジナルのピンバッジ&ステッカーをプレゼントします。日本中にピンバッジやステッカーをつけた人が溢れ、それぞれの想いと行動が繋がりながら、たくさんのムーブメントが起き、私たちが生きているうちに世界平和が実現することを本気で願っています。　　　　　　　　　　※画像はサンプルです。

**peace day**

## ※フェス「PEACE DAY」出展プランについて（オプション）

特別会員となってくださった方に限定して、野外フェス「PEACE DAY」への出展プランをご用意しています。出展、スポンサー応募をご希望の方は事務局までお問い合わせください。また、出展に関しては野外フェス「PEACE DAY」のコンテンツとして適切であるという基準にて審査をさせて頂きますので、ご了承ください。

**野外フェス PEACE DAY 出展プラン**

## お申込み/お問い合わせ

PEACE DAY財団/特別会員に関するお申込み・ご相談・ご要望等は、下記メールアドレスまでお問い合わせください。

PEACE DAY財団　運営事務局（担当：清水直哉）
Mail：peaceday@tabippo.net

おわりに


誰もが幸せになれるように。
本気で、世界を変えよう。

そうは言っても、
僕も、まだまだ、世界を変えようとしている途中だ。

でも、せっかく生まれてきたんだし、
生活費のためだけに働くなんて、もったいなくないか?

それぞれの得意なこと、興味があることを活かして、
みんなが幸せに暮らせる世界を、一緒に目指そうよ。

「自分は凡人だし……」「こんな世の中だし……」とか、
そういうことじゃない。いつの時代も同じ。

やるかやらないか。
やるって決めた奴が世界を変えてきただけだ。

とにかく、「やる」って決心すること。
人間って、本当に単純でさ。
スイッチを入れるだけで、すべては変わっていくんだ。

僕も、まだまだ、「世界を変えた」というところまでいっていないけど、凡人の先輩として頑張っている。

でも、まだまだ、こんなもんじゃないよ。

同じように、世界を変えようという人。
スイッチONにして、本気で一緒に走るなら、
僕も本気で応援するよ。

自分の好きなことを活かして、本当に一生懸命やれば、
社会的インパクトは、誰でも出せるから。

本気で、社会を変えよう。 世界を変えよう。

たった一度の人生を、
お互いに、そして、一緒に、
楽しく有意義なものにしていこう。

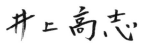

2019年　熱い夏を迎えるTOKYOにて

## 井上高志

■株式会社LIFULL 代表取締役社長　■一般財団法人PEACE DAY 代表理事　■公益財団法人Well-being for Planet Earth 評議員　■一般財団法人Next Wisdom Foundation 代表理事

1997年株式会社ネクスト(現・LIFULL)を設立。国内最大級の不動産・住宅情報サイト「LIFULL HOME'S」を育て上げ、東証一部に上場を果たす。コーポレートメッセージには、社名の由来である「あらゆるLIFEを、FULLに。」を掲げ、不動産領域だけでなく、地方創生、介護、引越しなど暮らしに関わるあらゆるサービスをLIFULLグループとして展開。世界63カ国で不動産・求人・自動車の情報提供サービスを展開する。

個人として究極の目標は「世界平和」で、LIFULLの事業の他、国連が定めた9月21日のPEACEDAYを通して平和の実現を目指す一般財団法人PEACE DAYを設立し代表理事を務める。また国内外のWell-Beingに関する研究開発活動への助成を通して研究者を支援し、Well-Being学の発展に寄与することを目指した公益財団法人Well-being for Planet Earthの評議員、そして古今東西の叡智を探求し、100年後の社会を創造することを目的とした一般財団法人Next Wisdom Foundation 代表理事も務める。

---

## CHANGE THE WORLD　チェンジ・ザ・ワールド

2019年10月10日　初版発行

著者　　　井上高志
デザイン　高橋実
編集　　　滝本洋平

写真
©iStockphoto.com/ fzant、Nirad、dikobraziy、JianGang vjanez、Dimitris66、Liderina、RistoArnaudov、Marilyn Nieves、pixedeli、Pekic、silverjoy、hannamonika、druvo、ThitareeSarmkasat、feirin、Fitzer、U_Ozel_PhotoArchive、Benjavisa、pixdeluxe、smartboy10、ranplett、franckreporter、Oleh_Slobodeniuk、FreeTransform、onebluelight、HannamariaH、ArtMarie、LSP1982、hadynyah、nojustice、DorianGray、subman、peeterv、Imgorthand、ranplett、Imgorthand、lisafx、117144578、ShaneTrotter、MissHibiscus、ruffraido、LindaYolanda、ozgurdonmaz、andipantz、183529926、Martin Dimitrov、RichVintage、heidijpix、lemonadelucy、Kemter、483676663、MBPROJEKT_Maciej_Bledowski、himarkley、

発行者　高橋歩

発行・発売　株式会社A-Works
〒113-0023 東京都文京区向丘 2-14-9
URL：http://www.a-works.gr.jp/
E-MAIL：info@a-works.gr.jp

営業　株式会社サンクチュアリ・パブリッシング
〒113-0023 東京都文京区向丘 2-14-9
Tel：03-5834-2507 / Fax：03-5834-2508

印刷・製本　中央精版印刷株式会社

**PRINTED IN JAPAN**

●本書の内容を無断で複写・複製・転載・データ配信することを禁じます。●乱丁、落丁本は送料小社負担にてお取り替えいたします。

©Takashi Inoue 2019